I0827739

Una nota especial para el lector

¡Querido aventurero! ¡No puedo agradecerte lo suficiente por elegir leer este libro hoy! Mi nombre es Golivia y mi historia está dedicada a cada alma hermosa que tiene un sueño. Realmente espero que disfrutes de las aventuras de Los Granos de Maíz mientras exploras las increíbles ilustraciones. Están bellamente elaboradas por mi querida amiga, Rocío. Ella ha hecho un trabajo fantástico y realmente ha dado vida a los Granos. Para demostrarte mi aprecio como lector, le he pedido a un compañero aventurero que escriba un mensaje maravilloso para ti. Disfrútalo y que te sirva de inspiración en tu viaje:

"Los sueños son aquello para lo que has nacido, para crear, experimentar y disfrutar en tu vida. Ser capaz de mantener el rumbo cuando los vientos se hacen fuertes y las aguas se vuelven agitadas es un requisito previo para lograr cualquier sueño por el que valga la pena dejar la seguridad del puerto. Fija tu destino, prepárate para tu viaje, visualízalo y confía en que finalmente llegarás sano y salvo sin importar lo mal que se vea todo. Recuerda que, en realidad, son los desafíos que superas a lo largo del camino, y no el destino, lo que lo convierte en un viaje increíble. Anima y apoya plenamente los sueños de estos jóvenes aventureros con los que compartes este libro. Realmente no hay destino que esté fuera de tu alcance ."

Peter D. Adams

Kernel to Popcorn

LOS GRANOS QUE CREYERON

La Aventura del Sueño de las Palomitas de Maíz

Este libro pertecece a:

____

"Mi visión es clara.

¡Eso es lo que seré!

Me volveré luz.

¡En esa palomita me convertiré!"

Thaddeus, Eve, Adalynn y Manish
todos desean ser palomitas de maíz algún día.

Te puedes preguntar, "¿Cómo conseguirán ese sueño?"

Bueno, creen que juntos la manera encontrarían.

¡Un grano seco está gritando enloquecido!
“¡Libres nunca seréis!
¡Sois diferentes, raros y malos!
¡Comida para pollos es todo a lo que llegaréis!”

Los Granos están afligidos y asustados
y lentamente comienzan a alejarse.
Si eso es todo lo que hay y a nadie le importa,
ellos no quieren quedarse.

Susurrando detrás de una pared
aparece un grano malvado y pillo.

Los Granos ven una gran máquina
gruñendo como un ejército o Legión.
Está llena hasta el tope con polvo blanco.
¡Oh, no! ¡Esos son granos triturados en almidón!

CORNSTARCH

Thaddeus, Eve, Adalynn y Manish
corriendo tan rápido como pueden están.

Gritan: "Donde estábamos...¡era mejor que esto!"

¿Crees que deberían ceñirse a su plan?

"¡Mantened el rumbo y no os rindáis!
Creed que algo mejor nos merecemos.
¡No cedáis ante la duda! ¡Nosotros solos bastamos!
Estando juntos cualquier cosa lograremos."

Cerca del aguan descansan un poco.
Fue terrible y aterrador lo que vieron.
Al Hada Mágica Madre Luna
los Granos con valentía ayuda pidieron.

De la oscuridad aparece una suave luz.
¡Hada Madre Luna en el cielo se está elevando!
Ahora los Granos lloran aún más fuerte.
"Oh, por qué... Oh, por qué..." están sollozando.

Un abrazo en el agua de Hada Madre Luna
todas sus lágrimas consigue secar.
Ella les susurra una lección que aprendió de Sol Brillante:
"Recuerden que hoy un nuevo inicio va a comenzar."

Los Granos responden: "Pero...no sabemos cómo..."
Se sienten solos, tristes y asustados.
"No os preocupéis, estoy aquí", dice Hada Madre Luna
"Todos vosotros sois increíbles, ¿no os habéis percatado?"

"Deseamos ser palomitas, queremos ser libres.
Pero los sentimientos de miedo siguen resonando.
¿Estamos quebrados? ¿Podemos ser arreglados?
¿Qué podemos hacer con el miedo que nos está asustando?"

"El Miedo necesita ser entendido, queridos.
Escuchen con atención y el Miedo les dirá más.
Hagan buen uso de todos sus sentimientos
y el Miedo una nueva puerta os mostrará."

Con las manos en el pecho los Granos preguntan al Miedo

"¿Qué es lo que dices que podemos ver?"

"Miedo es mi apellido; mi nombre es Sin.

¿Podéis adivinar lo que os digo que podéis ser?"

"¿Miedo y Sin?"

"¿Sin y Miedo?"

"¡SIN MIEDO!"

"Nuestros sentimientos quieren que vivamos ¡¡¡SIN MIEDO!!!"

¿Miedo?

Miedo...

Sin...

"¡Todos vosotros lo habéis adivinado!
Gracias a todos por entender.
Esta puerta os conducirá a oportunidades.
¡Id y aprended a ser quienes realmente queréis ser!"

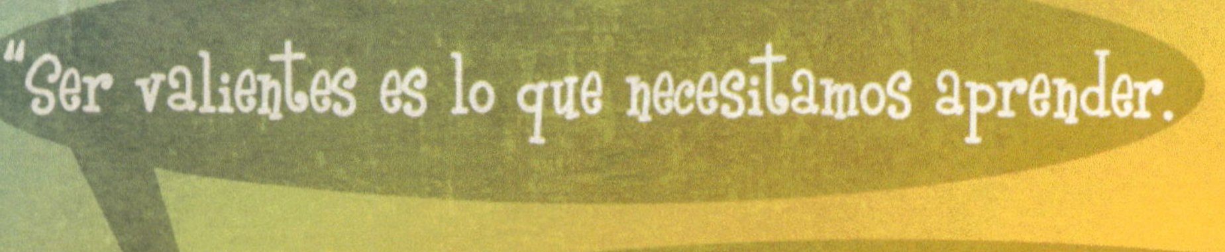

¿Quién es más valiente que Sol Brillante?

Pidamos a Sol Brillante que nos enseñe cómo.
Cómo actuar y lograrlo. ¡Será apasionante!"

La montaña más alta que jamás ellos vieron.

¿La luz de Sol Brillante puedes vislumbrar?

¿Crees que los Granos pueden llegar a la cima?

¿Esta montaña se puede superar?

Los Granos llegan al pie de la montaña.
Sol Brillante está brillando con orgullo y bravura.

"La vista es verdaderamente mágica desde aquí.
Subid y disfrutad de la vista desde esta altura".

Buscan algunas herramientas para escalar la montaña. Pero no encuentran nada que puedan usar para esto.

"Escalar una montaña, parecemos tontos. ¿O es sólo un pretexto?"

"Sólo confiad en vosotros. ¡Decidid y confiad.
Para empezar, un paso es todo lo que vais a necesitar.
Desde ahí podéis dar otro paso más.
¡Levantad los pies y vamos a comenzar!"

Thaddeus, Eve, Adalynn y Manish
paso a paso van avanzando.
No es tan difícil como pensaban.
Sobre ruedas esto está marchando.

Después de un rato se vuelve más duro para ellos.

¿A la cima llegarán?

Las palabras de aliento pueden ayudar algunas veces

¿Les podrías animar?

Vuelven a intentarlo levantando sus pies.
¡Gracias por animar!
¡Oh, mira! ¡Una cuerda apareció desde lo alto!
¡Parece que les diste buen azar!

¡Agarran la cuerda con todas sus fuerzas!

¿Quién está sosteniendo el otro lado?

¿Es Sol Brillante? ¿O alguien más?

¿Quién es su amigo aliado?

Llegaron a la cima
¡y adivina quiénes estaban!
¡¡¡Un montón de Palomitas!!!
¡¡¡Todas ellas sus manos levantaban!!!

"Gracias a cada Grano y Palomita."

Los Granos están pensando en todo lo que han vivido.

"Agradecidos a Hada Madre Luna y Sol Brillante."

"¡Gracias a nuestro nuevo amigo en creer, TÚ has sido!"

Thaddeus, Eve, Adalynn y Manish
están bostezando y dormir un poco necesitan.
Quieren jugar con todos sus nuevos amigos
pero sus ojos están contando ovejitas.

Cuando los Granos despiertan, ¡saltan alto!

¿Puedes adivinar qué ha pasado?

¡Los Granos se han convertido en Palomitas!

¿Por ellos también te has emocionado?

¡¡¡Ellos lo hicieron!!! ¡¡¡Gran trabajo!!!

¿Sientes por ellos felicidad?

Hay lágrimas de gratitud y tanta alegría.

¡Ahora sabes que tus sueños también pueden hacerse realidad!

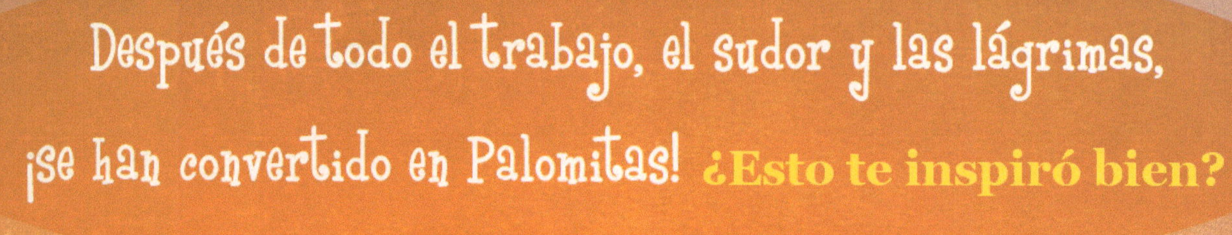
Después de todo el trabajo, el sudor y las lágrimas,
¡se han convertido en Palomitas! ¿Esto te inspiró bien?

Superando la duda, la culpa y los miedos
¡¡¡Ellos lo hicieron!!! ¿Y todo gracias a quién?

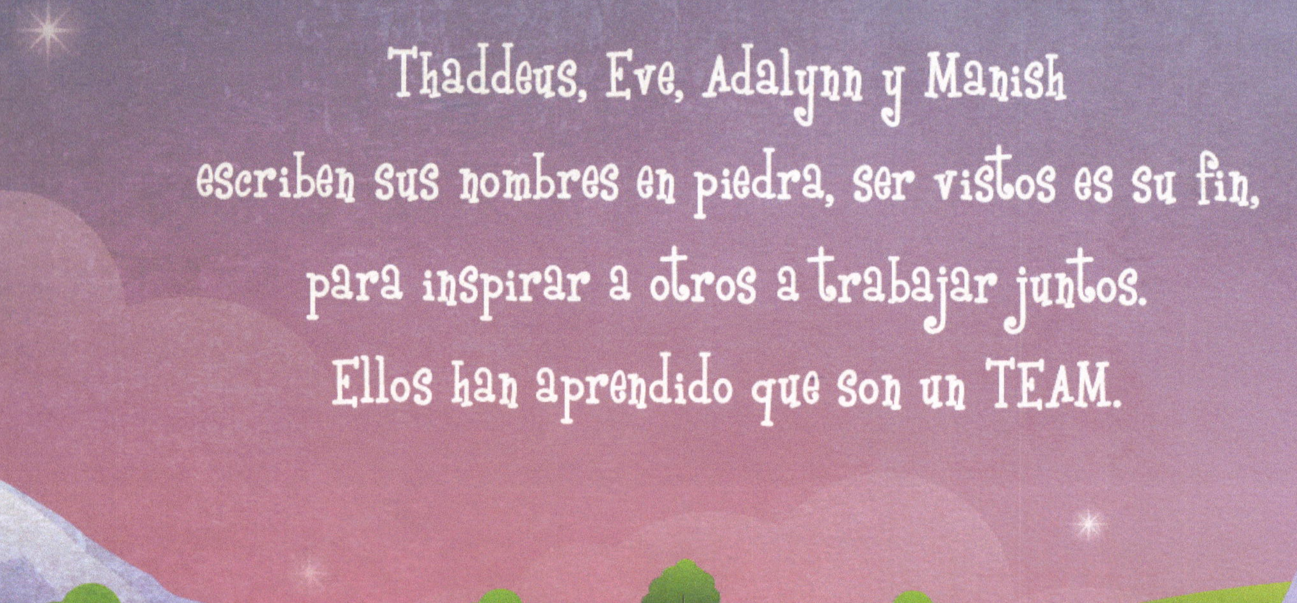

Thaddeus, Eve, Adalynn y Manish
escriben sus nombres en piedra, ser vistos es su fin,
para inspirar a otros a trabajar juntos.
Ellos han aprendido que son un TEAM.

HADDEUS

EVE

ADALYNN

MANISH

"¿Es este el final? ¡¡¡No, en absoluto!!!

Es tu turno de tus sueños cumplir.

Paso a paso. Ten fe y actúa.

Sigue adelante, ¡sabes que siempre creeré en ti!”

De Grano a Palomita de Maíz

Únete a las aventuras de Los Granos en la búsqueda de su sueño de ser palomitas de maíz. Los Granos son la personificación de nuestros pensamientos, emociones, acciones y manifestaciones en la vida.

Cuando Thaddeus, Eve, Adalynn y Manish deciden dar un salto de fe y lograr su sueño de convertirse en palomitas, aprenden muchas lecciones en el camino. Esta es una historia que puede inspirar a nuestros jóvenes aventureros a tener fe, superar el miedo y actuar para lograr sus sueños.

¡Un recordatorio para todos para seguir soñando en grande!

www.ingramcontent.com/pod-product-compliance
Lightning Source LLC
LaVergne TN
LVHW070152110826
845147LV00002B/377